Pablo Ayala-Hernández

Poesía de mil noches

Pablo Ayala-Hernández

# Poesía de mil noches

## Latidos del corazón

JustFiction Edition

**Imprint**
Any brand names and product names mentioned in this book are subject to trademark, brand or patent protection and are trademarks or registered trademarks of their respective holders. The use of brand names, product names, common names, trade names, product descriptions etc. even without a particular marking in this work is in no way to be construed to mean that such names may be regarded as unrestricted in respect of trademark and brand protection legislation and could thus be used by anyone.

Cover image: www.ingimage.com

Publisher:
JustFiction! Edition
is a trademark of
Dodo Books Indian Ocean Ltd. and OmniScriptum S.R.L publishing group

120 High Road, East Finchley, London, N2 9ED, United Kingdom
Str. Armeneasca 28/1, office 1, Chisinau MD-2012, Republic of Moldova, Europe
Printed at: see last page
**ISBN: 978-620-3-57899-7**

# POESÍA DE MIL NOCHES

## Latidos del corazón

**Pablo Ayala Hernández**

## Prólogo

La idea de mi poesía surge entre amor y latidos del corazón, es una clásica de eventos reales, de la inquietud inspirada en hechos marcados por la vida, con temas sobre el amor, el sexo, desamor y el alma. El amor en la poesía es un tema que no pierde relevancia, sorprende en cada corazón, en cualquier momento, en cada escenario, no necesita reglas ni le importa los personajes solo llevar pensamientos de amor y desamor, ahí está el poeta para escribir y el lector para vivir y sentir sus letras.

El proceso de la poesía te transforma en situaciones sugerentes y desbordantes, donde el poeta es un creador que da sentido a las letras, pretende enamorar al lector en la fantasía de sus poemas, que estructura en cada verso y que hace interpretar sus sentidos.

El amor y desamor están presentes en cada ser humano y han producido toda clase de emociones, tangibles e intangibles. Expresiones poéticas que tienen al amor y desamor como elemento principal. En la tarea de leer estos poemas, se puede observar las emociones involucradas y la diversidad de magia entre los lectores. Las perfecciones del pensamiento se viven desde la subjetividad, las vivencias personales en un mundo tan complicado de manera personal.

Pablo

## Contenido

## Amar en silencio

*Quiero que no sufras más por mis letras…*
*aprenderé a sanar mis heridas que me provocaste,*
*quiero que no te sientas vacía*
*fuiste una estrella fugaz*
*aferrada en mi ventana sin alma y corazón.*
*Deseo que disfrutes tu soledad donde estés,*
*no habrá más lágrimas por tu ausencia*
*aprenderé a ser solitario a amar en silencio*
*y llorar en mi mundo obscuro.*
*Por eso no seremos nunca un amor literario*
*siempre fuiste un espejo en mi mente*
*odio esa ilusión de desamor*
*nuestros cuerpos abandonaron las sábanas*
*los besos,*
*los desnudos,*
*los abrazos,*
*y las miradas de cada noche.*
*Pues bien, ya no te necesito decirte que no te adoro,*
*que no te extraño,*
*y que jamás serás mía…*

## Jardín de mi corazón

*Huyendo de mis tormentas*

*y mis llantos al pensar en ti,*
*me he perdido a mí mismo*
*buscándote en mis límites prohibidos.*

*Sin permiso me pierdo en mi infierno,*
*entre los recuerdos tristes de tu amor*
*que el tiempo lo contempla con odio.*

*Se divierten las historias pasadas,*
*que adornan mi soledad,*
*en cada noche dentro de mi espejo*
*recuerdos  prohibidos en mi corazón por ti.*

*He llegado el momento de despedirte,*
*a la universo extraño y vago*
*donde la tristeza no se acaba por tu cuerpo*
*para tomar el camino obscuro en mi espíritu.*

*Hay soledad en cada camino que piso*
*la vida y la muerte gobiernan,*
*tus recuerdos se alejan*
*cuando me resguardo entre las sombras.*

*Debo de permanecer oculto de tus promesas*
*y debo olvidarme de tu desamor,*
*mi locura es la mejor en mi soledad*
*con el ánimo de seguir mi camino sin ti.*

*No tienes excusas de buscarme*
*olvídame sin remedio*
*pero mis versos serán tu tumba*
*en el Jardín de mi corazón…*

## Soledad

*Hoy merezco un abrazo tuyo*
*una nostalgia por tu nombre,*
*es una agonía eterna.*

*Hoy muero por tu ausencia*
*pero respiro tus recuerdos y besos*
*muy adentro de mi corazón maldito.*

*Estoy en soledad*
*recordando tu desamor*
*y tus mentiras perversas.*

*Esperando el día que pueda vengarme*
*de tu maldad,*
*cuando mi soledad termine*
*escribiré prosa en tu ausencia.*

*No habrá sentencia*

*Ni corazón abierto*

*solo puros reclamos de sentimientos muertos…*

## <u>Mis lágrimas</u>

*Navegamos entre sombras*
*y los miedos juntos,*
*que acompañaron el camino a la soledad*
*entre mis atardeceres.*

*Maldita soledad*
*que pronto se convierte en mi misterio,*
*sollozos por tu ausencia*
*son cruelmente en mi corazón.*

*Cicatrices en mi cuerpo*
*que cubre mi tiempo sin destino,*
*y pronto me invita a morir.*

*Mis lágrimas callan*
*nunca separadas de mi rostro,*
*y de la gran espera amarga*
*con remordimientos.*

*Jamás estaré en cordura*
*a pesar de mis sentimientos,*
*una triste despedida*
*a todo lo que hecho…*

## Corazón muerto

*Tengo los ojos de mi maldita soledad*
*ojos de un prisionero de tu ausencia*
*con los que miro a un mundo triste*
*en un estado de desesperación.*

*Ojos con dolor a mierd@*
*por tus mentiras y desplantes*
*muriendo por dentro*
*en el desprecio de cada beso tuyo.*

*Falsas promesas en el rostro*
*fueron puras y reales,*
*ojos sin sabor*
*que desenmascaran tu destino.*

*Ojos de mugre soledad*
*encarceladas en mi alma,*
*despiertos en un corazón muerto*
*y el reflejo de mi muerte.*

*Quiero un permiso para morir*
*y sumergirse en el mar de mis lamentos*
*que abarcan esos ojos tristes y perdidos.*

*Ojos con sombras*

*esperando tus abrazos,*

*hoy te dejo sin aliento*

*al no volver a este mundo.*

## Mi infierno

*Todas mis frustraciones se reflejaron*
*en cualquiera de mis sollozos,*
*en mi soledad y en el mal tiempo*
*de sentir de nuevo tu amor.*

*Deje de lado los besos mudos*
*que derrumban mis sentimientos,*
*huir sin retorno del destino.*

*Marcar mis poemas en destierros*
*y las letras en páginas muertas,*
*abandonar los versos*
*justo a la ventana de mi silencio.*

*No quiero dejar cualquier letra*
*de amor en tu cuerpo,*
*incluso en la muerte de mi prosa a lado tuyo*
*y de pactos perversos.*

*Dejar de lado todo este sufrimiento*
*incluso en mi lado obscuro de mi corazón*
*con maldades sin remordimiento.*

*Dejar todo en un espacio vacío,*
*todo en momentos sin alma*
*dedicados a lo incierto y falso,*
*mientras tu existas*
*no habrá paz en mi infierno...*

## Mi tumba

*Dejar mi rencor en mi tumba*
*y ese odio se extienda a tu alma*
*por los días de un desamor tormentoso*
*aquellos con un egoísmo sin pasión.*
*Dejarte que el destino te destruya*
*sin forzar cada respiración al instante tuyo,*
*dejarlo todo al vacío,*
*y que no detenga nada esos impulsos falsos.*
*Un dolor inmenso,*
*soledad para cada mañana y tarde en mi prosa.*
*Dejar que las cicatrices no mueran*
*que no se detengan y fluyan en mi cuerpo*
*en toda la realidad de mi corazón.*

*Promesas malditas,*
*cuando el amor fue para los dos*
*y desaparecerlas entre los cimientos.*

*Dejarlo todo para siempre*
*guardado para el juicio final,*
*y que la espera sea*
*el último suspiro mío.*

*Y que mis poemas terminen tal vez,*
*en un suspiro dentro de tus labios*
*para siempre…*

## Letras infinitas

*Es necesario conocerte,*
*entre la noche pura*
*y la frescura del mar.*

*Es importante tu sonrisa*
*una caricia tenue en mi rostro*
*y tus labios entre los míos.*

*Solos y abrazados herméticos y juntos.*

*Tus manos entre mi pecho*
*que guardan mis suspiros por ti,*
*tu piel de dulzura*
*con la delicadeza de una flor.*

*A ti,*
*te doy un abrazo fuerte,*
*un poema sin nombre*
*que enamore tu corazón*
*con todas mis letras infinitas.*

*A ti en mis sentimientos,*
*atados en un laberinto de amor*
*que formamos en las noches.*

*A ti mis besos*
*y la sed de conocerte,*
*los pactos eternos en breve,*
*a ti mi prosa viva*
*y mi poesía hermosa.*

## Una perfecta tormenta

*Así muero,*
*cuando la soledad impera en mi ser*
*sobre todas las voces inciertas,*
*cuando no hay recuerdos tuyos*
*que asedian mi agonía.*

*Aquí me desmorono,*
*en el instante de tus desprecios*
*donde no habita tu consuelo.*

*Solo así muero,*
*solo aquí duele todo*
*en lo oscuro de mi corazón*
*en todo lo prohibido*
*en el abandono y en la ansiedad.*

*Solo así muero,*
*en todo lo que hiere*
*en cada momento de mi demencia.*

*Resucitando los miedos*
*llenando los huecos de mi soledad*
*y llorando cada verso por ti.*

*Llega a quedarse mi locura*
*atormentando todo mi interior*
*quemando el viento sobre mi rostro.*

*Liberando los sollozos de tu aliento*
*por el desgaste en cada noche sin ti*
*quemando los altares y arcoíris.*

*Crece mi triste destino*
*en una perfecta tormenta*
*que se amalgama entre los sentimientos*
*para morir en paz.*

*Seré fuerte sin tu cuerpo*
*formaré un rumbo con alegría*
*y trazar el destino*
*hacia todos los fracasos…*

## Cielo prohibido

*En el fondo de la noche te llevo*
*cuando la muerte me invita a besar tu rostro,*
*a levitar con mis mil lunas*
*y sin un universo en mi corazón.*

*Surgen allí melancolías,*
*de los desengaños y los besos secos*
*de las estrellas eternas*
*de nuestras falsas pasiones.*

*Surgen heridas para terminar el amor contigo*
*despertando la maldad*
*y matando las almas*
*de un pasado tormentoso.*

*Son viejos espejos de mi ira,*
*los ángeles tristes en mi tierra*
*que me protegen de tus encantos*
*y de toda la demencia en mi alma.*

*Sentimientos profanos*
*exiliados de un cielo prohibido*
*que asimilan las noches obscuras*
*para obscurecer la luz en mis ojos*
*y saciar a mi soledad.*

*Se alzan silenciosos sollozos*
*en gritos desesperados*
*castigados por ser mancillados*
*por tu desprecio.*

*Gobierna las noches sin un destino*
*sin tus besos,*
*solitario voy al bosque*
*y ser el señuelo de mi falsedad.*

*Hoy no tengo nada que dar para ti*
*que purifiquen las mentiras*
*y provoquen las siluetas al vacío.*

*Seres oscuros en mi camino*
*invocados por la angustia*
*y por la agonía de tu amor.*

*Un viaje sin retorno*

*me espera en mi jardín*
*hacia un amor prometido sin cadenas.*

## Mi mano

*Ven a mí,*

*muero por tu piel*

*y de tu hermoso cuerpo.*

*Voy por ti,*

*no importa la distancia*

*el viento me llevará a tu perfume.*

*Te llevaré en mis letras*

*en mis cantos en cada amanecer*

*dejando mi alma tu aliento para sobrevivir.*

*Ven toma mi mano,*

*hazme sentir que soy tuyo*

*y déjame tocar tu sonrisa.*

*Ven y acercarte a mí,*

*te voy a enamorar sin prejuicios*

*para nunca decirte un adiós.*

*Ven y no me olvides,*

*seré una estrella eterna en tu universo*

*en cada eclipse de tus lunas.*

*Ven y hazme sentir que te quiero y sin motivo alguno*

*estaré siempre en tu corazón…*

## Una mirada

*Una mirada al centro de mi corazón,*
*aquel que vibra adentro sin pasión*
*que arrebata mi alma en solitario*
*y me eleva en soledad.*

*Una mirada al dolor perdido,*
*en un camino sin rumbo*
*dentro de mi angustia de mí mismo.*

*Maldita soledad enredada en mi piel*
*que ya no tiene escusa*
*ni pretexto para ser dolor en mi cuerpo*
*sino un martirio lleno de lágrimas.*

*El dolor hace ritmo*
*en el corazón partido,*
*es el miedo más aferrado*
*que amenaza mi muerte encerrada.*

*Una tormenta de angustia*
*para sentirme aun en vida,*
*y así todos los dolores me delatan.*

*Miedo completo*
*siempre y castigando mi alma*
*va con espacios perversos*
*para saber que no estoy vivo.*

*Miedo a todos los miedos*
*hasta de uno mismo,*
*como un infierno detonante*

*al impulso de cada verso para ti*
*que justifica mi prosa triste.*

*Miedo a perderte,*
*miedo con dolor,*
*porque sin sentir temor*
*la vida se me agota*
*aquí frente a tu rostro…*

## Mi vida

*Hoy has hecho mi vida miserable,*

*me dejaste olvidado*

*maltrecho en mi laberinto de soledad,*

*no fuiste ese sueño*

*en mi vida*

*eso dolió mucho en mi corazón,*

*en un corazón con un vestido lleno de ilusiones,*

*convertido en un caballo blanco*

*con tormentas mudas,*

*con espacios vacíos en melancolía y depresión.*

*Ahora llevo una vida dispersa*

*en un arcoíris obscuro*

*debajo de ese puente de barro*

*hecho por tu ausencia.*

*No sabes en la situación que me dejaste*

*maldito invierno color rojo*

*envuelto en lágrimas humilladas,*

*seré tu tumba en el paraíso de deseos malditos*

*junto con tu piel sin destino,*

*Déjame seguir con mi tormento sin vida…*

## Historias pasadas

*Huyendo de mis tormentas*
*no te he encontrado en mi soledad*
*me resguardo en mis limites prohibidos.*

*Sin amor por ti ni tu piel en la mía,*
*camino por senderos solitarios*
*que anuncia la muerte de mi corazón.*

*Se escriben mis historias pasadas*
*entre mitos que atormentan mi rostro*
*fundados en la noches por tu ausencia*
*recuerdos de momentos prohibidos.*

*He llegado al principio y final de tus recuerdos,*
*a la sombra eterna*
*donde mis letras se doblan al pensar en ti*
*para besar tu cuerpo.*

*Hay soledad en mi camino con penumbras,*
*en cada noche y el frío me congela,*
*mis sentimientos se alertan*
*cuando me quedo entre las sombras.*
*Debo de soltarte de mis delirios*
*y olvidarme de tu tiempo,*
*tu ausencia es lo mejor*
*el dominio del obscuro tiempo.*
*No tengo permiso para abandonarte*
*tus desprecios me dieron un rumbo equivocado*
*pero he llegado con tristes versos*
*en los escondites de tus sentimientos..*

## Dos cuerpos desnudos

*Dos cuerpo desnudos*
*ante los ojos de la luna,*
*dos almas amándose*
*sin reserva alguna*
*y la luna de testigo,*
*siento el roce de tu piel junto a la mía*
*sin máscaras y sin disfraces*
*y sin testigos,*
*amándonos*
*sin una sola gota de pudor*
*pero sabiendo que mañana*
*volveremos a fingir*
*a ponernos la máscara en mi alcoba*
*y aparentar lo que no somos*
*ante lo demás*
*pero al cerrar la puerta tras nosotros*
*somos algo más que dos amantes eróticos*
*que nunca entenderán su destino.*
*pero eso que más da*
*sí al tenerte en mi cama eso me da igual*
*la gente opina que lo nuestro están mal*
*que es inmoral*
*pero ellos que saben*
*no nos conocen*
*no entienden lo que es amar y hacer el amor prohibido es pasión…*

**Eres mía....**

*Ahora que estas tan lejos*

*que te me haces tan inalcanzable*

*solo puedo mirar tus ojos*

*mientras sueño.*

*solo puedo desear tu boca en silencio*

*y es tan inaceptable*

*estar cerca y a la vez así de lejos.*

*Siento mi corazón palpitar por ti*

*cada vez más fuerte*

*y muero de deseo*

*sin poder sentir tu piel.*

*y me miras y sonríes*

*y todo mi mundo se hace infinito*

*y espero de forma imposible*

*detener eternamente el tiempo*

*y solo puedo estar allí en tu cuerpo*

*callado observando tus labios*

*deseando que sea mía*

*en ese instante y para siempre*

*y me pregunto en silencio*

*sí algún día será posible*

*si acaso sientes igual*

*y justo ahí me sonríes*

*y mi corazón parece querer salirse*

*y siento que respondes que si*

*a esa pregunta que jamás te he hecho,*

*me hablas en silencio*

*con una bella mirada*

*y entiendo que, aunque lejano*

*eres mía…*

*y deseo fuertemente*

*que ya no exista alguien más*

*para que ya no estes lejos*

*y que el tiempo se detenga*

*y solo seamos tú y yo*

*y cuando al fin estamos solos*

*aun con mil miradas encima*

*y cuando al fin sale una palabra de tu boca*

*de nuevo el mundo desvanece para mi*

*y entonces yo me pregunto*

*debe ser así para siempre?*

*no debo luchar por ti?*

*y mi corazón responde que sin ti muere*

*ahí decido no quedarme con la duda...*
*y empiezan a salir de tu boca tantos halagos,*
*tantas bellas palabras*
*y me respondo a mí mismo*
*que así nos toque amarnos en silencio y en lo prohibido,*
*y cuidando que el mundo no se entere*
*seremos el uno del otro para siempre*
*en un solo corazón ardiente…*
*Átame amor con tus caricias,*
*hazme cautivo de tus orga$mo$,*
*toma mi cuerpo con tus manos.*
*En mi alcoba siento tu boca,*
*fuego y pasión en la mirada,*
*diosa y señora soy tu esclavo.*
*Atiendo tus poros en mi pecho,*
*azoto el látigo anhelado en tus caderas,*
*obedezco el calor de tus manos.*
*Ahora soy tu amante pervertido,*
*siento tus labios en mi universo,*
*cabalgas sobre mi cuerpo enamorado,*
*suspirando cada momento de mis besos,*
*y estoy enamorado de tu jardín ardiente…*

## Tus besos

*Tus besos que amaron mis labios*

*como un corazón ardiente en el sonido de mis pensamientos*
*se plasmaron tus besos en mis labios,*
*donde acaricie tu rostro y mis manos lo recorrieron,*
*como hoy recorre el sabor de tu boca en cada atardecer.*

*Flores de día y de noche fue nuestro amor ardiente,*
*besos encerrados en hermosas caricias*
*los guardaré en mis sueños*
*y en mi corazón serán el refugio…*

*Besos ardientes, ósculos que nuestras bocas deshicieron*
*labios placientes que me enamoraron de ti*
*junto a tus latidos de tu corazón*
*como un cristal hechizado…*

*No te alejes de mi vida corazón,*
*no apartes de mis labios el sabor de tus labios carnosos,*
*no te vayas de mi vida, no te vayas amor que tanto te amo,*
*mi vida se ira detrás de ti…*

*Ven junto a mí, intérnate en mi mundo*
*que haré con tanto amor que guarde para ti,*
*cierra los ojos y estaré en un segundo en ti…*

*Que haré con esta prosa que contigo escribí,*

*olvídate de todos, solo piensa en mí*
*mi vida se desmorona de saber que no te tendré más,*
*olvídate de todo y de todos, este es mi corazón,*
*llevaré en mis brazos el deseo de solo amarte,*
*llevaré en mis manos las caricias que di a tu rostro*
*llevaré en mis labios tu sabor ardiente*
*y dejaré mi perfume en tu cuerpo para siempre…*

## Mis escalofríos

*Envuelto entre tus brazos*

*tus ojos de esmeralda me llenan de un amor erótico*

*enamorándome con locura de tu mirada.*

*Deseo tus ojos de esmeralda en mi rostro,*

*castigando mis fantasías de tu cuerpo desnudo,*

*tus besos es el verdadero tesoro para mi boca.*

*Tu amor que me excita todo mi universo,*

*quiero conocer el secreto de tus labios al besarme*

*y sentir el ardiente aliento de tu boca al tocar mis mejillas.*

*Deseo conocer tus secretos y así poder amarlos.*

*Hoy mis labios se visten de ternura para acariciar tu cuerpo,*

*para fundir mis caricias en tus poros.*

*Quiero que mi cuerpo se vista de tu piel*

*y bañarme en mares de tu perfume de mujer madura.*

*Llenarme de ti…*

*como el aroma de mis flores de mi primavera,*

*guarda mis gemidO$ en tus mu$lo$ y así sentir tu aroma ardiente.*

*Castiga con tu aliento mis deseos ardientes,*

*envuélveme con el olor de tu pasión,*

*envuélveme así con tu cuerpo,*

*llévate el calor que siento por ti,*

*ama mis escalofríos*

*y no te vuelvas ir de mis brazos…*

## Tus poros

*Besarte, tocarte, verte y suspirarte*
*es una sensación tan erótica*

*que provocas a mis escalofríos desfallecer.*

*Eres una amante espectacular*
*con una pasión ardiente que me vuelves loco*

*que cada noche me enamoras más de tu cuerpo*

*y lo mejor es tu piel ardiente*
*que compartes conmigo cada momento.*

*Me gusta liberar tus orga$mo$ ardientes,*
*encender tu nido*
*y jugar al encuentro de nuestros cuerpos.*

*Tú sabes a sex0,*
*que sabor tan delicioso*
*que me sacude el paladar y mi lengua,*
*tus besos desean mi estatua entre mis sábanas*

*hasta dejarlo en tu boca.*

*Deseas estar dentro de mi cuerpo*
*y también dentro de mis caricias.*

*Tu apetito me abre mi piel*
*que deseo comer tu oráculo privado,*
*hundir mi cara en tus nalga$*
*y devorarte con pasión.*

*Tú sabes a que sabes mi sex0*
*y por ello te excitas ardientemente cuando lo que tienes*
*y con la forma en que te mueves sobre mi*
*haces estremecer mi lujuria.*

*Me regalas tus poros para acariciarlos,*

*me invitas a tocar tu jardín*
*y provocas besarlo con pasión.*

*Dentro de mi alcoba*
*nos damos rienda suelta a la imaginación,*

*nos desnudamos,*
*hacemos cosas lujuriosas*
*nos probamos y nos tomamos sin parar....*

## Tu intimidad

*Me he desnudado para ti en tu alcoba,*

*soy tuyo como la miel de tu mar,*

*como mis caricias en tus pechos,*

*como mis besos en tu boca.*

*Entre mis orga$mo$ habitas.*

*Mis orga$mo$ son para ti,*

*mis llegadas son por ti.*

*Has estado desnudo en tu intimidad*

*y montándote me has hecho gozar.*

*Tu sexo se transformó en tus labios sobre mí,*

*tu selva se entretejió en mis deseos*

*y me haces temblar,*

*me haces gozar,*

*me haces venir con gozo,*

*y en convulsiones me dejar ir…*

*Con los últimos espasmos de mi clímax*

*veo tu cuerpo desnudo ardiente.*

*Entre caricias perversas*

*por cada Orga$mO tuyo…*

*Me has enamorado de tu interior,*

*tu eres mi santuario,*

*mi refugio lechoso, mi amor candente,*

*mi amante erótica,*

*de sexo desquiciado.*

*De exquisita piel*

*y besos ardientes,*

*de hermosura plena,*

*mi amante solitaria*

*de un amor prohibido…*

*Tu piel me vuelve demente*

*has cremado mi pasión por ti*

*quedará tatuado en tu cuerpo*

*en tu jardín y en mi castillo.*

*Esperé desde siempre tus besos en ese lugar*

*para a tu sexO entregarme.*

*Para ponerme inmóvil*

*bajo tu inmensa lujuria*

*de tus caderas oscilantes*

*restregándose*

*sobre mis palpitaciones,*

*sosteniéndose*
*en mis rodillas*
*entrando y saliendo estás.*
*Castigando mis deseos,*
*sanando tu sex0*
*con la espada de mi barco,*
*y que bebas mi miel blanca…*

*Mis gritos se pierden en tus oídos,*
*tus uñas en mi espalda se clavan.*
*Aprieto tu cuerpo con mis muslos*
*para que sientas mi prosa.*
*Dame de tu cuerpo virgen*
*está ardiente mi garganta.*
*Mójame de tu saliva*
*mientras terminas con tu tormenta ardiente.*
*Mientras me vengo contigo*
*nos fundimos en un volcán*
*con mis fluidos,*
*nuestro sudor se expande entre las sábanas blancas*
*y brincas sobre mí*
*para galopar en un baile erótico…*

*tus labios rosados expuestos*

*con mis dedos los tocan*

*y por dentro...te vienes*

*es hermoso el sentirte*

*por dentro,*

*te llenas*

*y te llevo muy lejos.*

*Moribundo,*

*regreso a besarte*

*tu vulva desnuda*

*dejando ríos de miel en mi boca*

*que tus deseos provocaron.*

*He venido a tomarte de nuevo*

*a poseerte*

*a clavarte en mi piel*

*a mancillar tus deseos*

*y dejarlos con pasión…*

## Tus mejillas

*Ardientes mis mejillas*

*al sentir olor de tu espuma espesa*

*con un sabor a sal de mar.*

*Te siento cuando entre tus muslos*
*voy buscando tu sol*
*empapado de mi saliva*
*y con un profundo sudor*
*aroma que arde*
*y extiende el amor que tengo por ti,*
*me clavo profundo en tu trofeo*
*te busco en mis labios*
*y mojo con mi saliva*
*todas tus tormentas*

*y en mi rostro rosado*
*fino y hermoso*
*hay gotas de miel derramado de tu ser;*
*miel de mariposas…*

*y con mi fina lengua*
*babeando en tu piel*
*saboreo con mis mundos*
*las gotas de miel de dioses,*
*envuelves mis sonidos*
*y con un hondo gemido*
*te dejo abrazado a mi cuerpo en mi alcoba,*

*Derramado la lluvia de los placeres en mi rostro*
*con aliento entrecortado*
*los momentos te vacías con pasión…*

*Sonríes contento*
*acariciando mi pecho*
*mientras cerrando los ojos*
*me entrego muy satisfecha*

*y en mi rostro rosado*
*fino y hermoso*
*hay gotas de miel derramado de tu ser,*
*miel de mariposas…*

## Mi cuerpo

*Habítame, penétrame*

*sea tu cuerpo con mi cuerpo,*

*tu boca entre mi boca*

*desgárrame mis entrañas.*

*Árdeme con dulzura*

*y báñame con tu saliva*

*que no puedo vivir sin ti.*

*Quémame sobre ti*

*en el sol naciente entre tus muslos*

*con mis labios rojos*

*y deja todas mis noches florecidas…*

## Tu suave piel

*Avaricio tu cuerpo, tu suave piel*
*resbalanda en la mía en mi intimidad.*

*Tu piel*
*hecha de perfume erótico.*
*Avaricio ese pálpito lingual en mi arrecife*
*bombeando mi mar adentro de ti*
*con un ritual de nuestros instintos perversos,*

*Somos uno a uno*
*con saliva compartida entre nuestros labios*

*y gemido$ desnudos.*

*Avaricio tu desnudez,*
*tu ardiente aliento en mi pecho,*
*nuestras miradas perdidas que se buscan*
*en tu bosque abierto para mí,*
*la fragilidad de ese sueño momentáneo*
*que nos traslada al cuerpo mío*
*donde nos castigamos una y otra vez en cada noche*
*y nuestros gritos son testigos*

*de un amor salvaje…*

## Otoños ardientes

*Te quiero y te querré*

*aunque ya no te pueda escribir más mis letras,*

*tan tristes que mis lunas ya no tienen estrellas*

*y mis besos han muerto por los tuyos…*

*Te extraño y te extrañaré*

*cuando cada mañana llega a mi corazón y cuando cada tarde llega a anochecer,*

*y mis lágrimas caen en mi rostro al no saber nada de ti…*

*Te beso y te besaré*

*aunque ya no estes conmigo,*

*aun cuando escuche tus suspiros en mi cielo*

*y aun cuando mi amor por ti se oscurezca…*

*Vivo y viviré cada segundo en tu piel*

*aun por la pérdida de tu sonrisa*

*y mi triste ternura morirá al no sentirte…*

*Te escucho y te escucharé en mis otoños ardientes*

*aun cuando tengo mi corazón está mudo por ti*

*y mis caricias se quiebran al silencio tuyo…*

*Viviré sin ti todo el tiempo que viva*

*aun cuando el viento lleve mi alma sin destino*

*y que mi amor muera sin ti…*

## Mi alma desgarrada

*Yo que miraba las olas tristes de mi corazón,*

*despreciada por tu amor,*

*triste sin ganas de vivir,*

*yo que miraba el cielo sin mi corazón*

*y hoy miraba tu amor más puro hundiéndose en frente de mí*

*junto con mi alma desgarrada y solitaria.*

*¿Por qué cometiste ese error?*

*y yo no te guardo rencor,*

*¿Por qué cometiste esa estupidez?*

*y no quiero que me perdones.*

*Me hundí en el lago de mis lágrimas,*

*para saber lo que había a tu lado y encontré puro odio que destruía mi corazón.*

*No me culpo por el error que cometiste,*

*lo dejaste todo al pasado no supiste ver mis sentimientos por ti,*

*ni te culpo por el odio que guardo en mi corazón.*

*Los sueños y el amor que teníamos juntos se acabaron,*

*ya no se cumplirán porque irás a prisión en mi corazón*

*y yo ya no te veré más en mi cuerpo,*

*sólo recordaré tus labios que ya nunca besaré en un sueño.*

*Ni te culpo por tu arrogancia, Solo déjame vivir de nuevo mi soledad….*

## El horizonte mudo

*La pérdida de un amor,*

*es difícil recordar tus momentos solamente al vivir con la pérdida de tu amor,*

*te fuiste en el vacío sin dejar huella,*

*todavía te pienso*

*en cada grano de arena de mi isla solitaria;*

*dejaste tus pensamientos en mi rostro*

*que no se pueden desprender jamás en un olvido*

*y no puedo resignarme a perderte…*

*Tuviste la magia en tu prosa para amarte*

*tus letras están hechas de lágrimas por tu ausencia*

*y tus metáforas como heridas en mi piel…*

*¿Pero creo que no es posible olvidarte entre mis brazos?*

*tus caricias aferradas a un corazón olvidado*

*donde hay un arcoíris sin agotarse en mi lluvia*

*y tu amor transformado en las gotas tristes en mi jardín…*

*¿Por qué me olvidaste?*

*Fuimos amantes que enfrentamos nuestra realidad*

*solo vivimos el horizonte mudo entre nuestros besos*

*y un espacio perdido entre los sentimientos*

*fuiste un océano perdido por tu ausencia…*

*¿Dime cómo desaparecer tus huellas en mi cuerpo?*

*Cuando nuestros cuerpos estallaban como galaxias nuevas*

*y hoy no existe luz entre sus lunas*

*remplazadas por las olas de un universo incierto…*

*Cuanto me cuesta verte partir sin decir ninguna palabra*
*como un fugitivo huyendo de su condena para morir*
*en un vacío de un amor sincero*
*atado a un mar apagado en la ribera de mi corazón…*
*¿Cómo entender que el amor se terminó?*
*solo el tiempo sin manecillas nos dará la razón*
*de olvidarte en la corriente de un amor verdadero*
*y ahogarme con tu mar de tu ausencia*
*para morir en la marea de tu piel*
*porque su efecto será tu ausencia infinita…*

## Entre tus poros

*Me embrujas*
*con tu Se&0*
*hecho de orga$mo$*
*y de tu ardiente*
*cuerpo*
*con letras eróticas;*

*Siento recuerdos de tu piel candente*
*entre mis sábanas*
*agotadas por tus fluidos*
*en mi jardín*
*y metafóricos versos de tus caricias;*

*Eres lo más rico que he probado*
*en mi boca*
*y erotismo perverso,*
*estás llena de lluvia ardiente*
*en tus poros*
*que me haces melancólico*
*a tus gemido$;*

*Te ofrezco mis escalofríos*
*en estampida sobre tus pechos,*
*mi arpón entre tus muslo$*

*convertido en pasión,*
*mis caricias se estremecen al pensar en ti*
*no puedo dejarte sin besar tus orga$m0$.*

*Te regalo mis fluidos,*
*mi hombría de macho alfa,*
*mi propio mar blanco*
*en tu isla*
*para escuchar tus latidos*
*jamás escuchados.*

*Te acaricio con mis pensamientos*
*sobre tu metáfora viva*
*con fantasías utópicas*
*en mi dejavú.*

*Siento tu piel ardiente sobre mis labios*
*calcinado mis deseos de tocar tu intimidad,*
*mis letras quieren descansar en tu rostro*
*junto con mi vocabulario*
*entre tu universo ardiente.*

*Hoy te ofrezco mi piel,*
*mis besos*
*en tu punto G*
*para hacerlo mío cada noche.*
*Te obsequio todos los deseos perversos*
*entre mis líneas para tocar tu pentagrama virgen…*

## Tu partida

*Dejaste caer tu mirada*
*en mis ojos,*
*mientras yo no sabía tu sentir,*
*me cuidaste hasta el final,*
*estaba tan triste que mis noches se hicieron tan negras,*
*yo estaba a punto de morir*
*al verte tan débil y sin ganas de vivir.*
*Hasta que tomaste mis manos*
*y me llevaste a tu pecho*
*sin remordimientos,*
*lloré sin descanso,*
*mi corazón era de piedra,*
*mi alma era de hierro*
*pero mi amor por ti fue demasiado*
*para amarte sin descanso*
*sin caer en un abismo por tu ausencia.*
*Hay un pedazo de tu alma en mí,*
*que siempre nunca olvidaré,*
*tus abrazos y palabras para mi*
*fueron hermosas*
*las más profundas en mi ser,*
*y el amor que tenías por mi*
*supe que serías feliz a mi lado para siempre.*
*Pero puse el cielo a tu merced,*
*lo vi abrirse ante ti*

*para vivir en paz,*
*lo veía mientras lloraba por tu partida*
*y grité tu nombre a los cuatro vientos.*
*¡Te amo…!*
*Cuando te tocaba sentía una paz inmensa,*
*quería quedarme a tu lado*
*cerrar mis ojos y soñar contigo*
*viajar al infinito y nunca volver,*
*sentirte para siempre…*
*Tú y yo abrazados para siempre*
*en un viaje hermoso.*
*Pero hay un espacio en mi corazón*
*contigo y sin ti*
*que no puedo olvidar de ti,*
*siempre estarás en mis venas,*
*tu aliento y amor por ti*
*siempre en mi estarás*
*contigo y sin ti…*
*Pero puse el cielo a tu merced,*
*lo vi abrirse ante ti*
*para vivir en paz,*
*lo veía mientras lloraba por tu partida*
*y grité tu nombre a los cuatro vientos.*
*¡Te amo…!*
*Puse mis manos en tu rostro*
*y arrojé mis lágrimas en tu ser*
*cuando nos abrazamos*
*y algo se fue al cielo*

*era la última vez que te sentí*
*y lloré inmensamente.*

*A veces te recuerdo con amor y ternura,*
*mi corazón entre tus mejillas*
*incluso cuando no te veo*
*estás en mis pupilas para siempre.*
*Te recuerdo como si fuera ayer,*
*tu sonrisa tan hermosa*
*y tus manos tan delicadas,*
*que grite tu nombre.*
*¡Te amo!*
*Puse mis manos en tu rostro*
*y arrojé mis lágrimas en tu ser*
*cuando nos abrazamos*
*y algo se fue al cielo*
*era la última vez que te sentí*
*y lloré inmensamente.*
*Pero puse el cielo a tu merced,*
*lo vi abrirse ante ti*
*para vivir en paz,*
*lo veía mientras lloraba por tu partida*
*y grité tu nombre a los cuatro vientos.*
*¡Te amo…!*

## Un sueño de verdad

*Escribiré un par de versos*
*a un amor perdido dentro de mi laguna solitaria,*
*entre letras cursivas enamoradas*
*y una triste prosa entre mi alma.*

*Será un poema de despedida,*
*aun cuando no hay un amor sin memoria*
*habrá un corazón sin tildes*
*y sin flores áridas.*

*Un sueño de verdad por ti*
*revotando rimas de dolor,*
*bailando en sentimientos con vino agrio*
*y un solitario beso de despedida.*

*Hoy se tiene un corazón sin consonantes,*
*poesía sin destino*
*con encuentros de una niña perdida*
*en las aguas de la soledad.*

*Soplaré un suspiro debajo del agua*
*dejando un sueño de verdad,*
*y dibujando óvalos de tristeza*
*en piel caprichosa por tus besos…*

## Tu boca de mar

*Hoy tengo mi rostro triste sin tu corazón,*
*en un temblor de mil cicatrices*
*sin tus besos en mis noches,*
*estoy encerrado en mis sentimientos*
*en cada sueño de mis pecados*
*y mis labios se pierden*
*en el alma de la niebla.*
*Dame de beber de nuevo tu olor,*
*calma mi sed por ti*
*y apaga ese fuego que siento por tu piel.*
*Tu ausencia me corta las alas,*
*al no verte me da más tristeza*
*y estoy muerto por dentro.*
*Se van muriendo tus recuerdos*
*y enamorados de ellos quiero estar,*
*todos ellos son mi ser*
*con su fuego que me quema hasta los huesos*
*me llevan a tu cielo,*
*solo déjame decirte que te necesito,*
*que te deseo,*
*que te quiero,*
*dame tu cuerpo para mi corazón*
*en mi tiempo abandonado*
*y no sufriré por tu pasión.*
*Mi piel es una mariposa que muere en mi pared*
*que busca tu polen*

*en mi prado imaginario*
*para enamorarme sin descanso.*
*Llevas mis secretos*
*en tu boca de mar*
*pues tus besos me hechizan*
*en mi rostro de piedra.*
*El amor de mi alma*
*huye por el ocaso de tus caricias*
*junto a la niebla de mis letras y poemas.*
*Eres un beso rojo que recibe mis mejillas*
*en los atardeceres con mis auroras de tu fruto prohibido*
*la que derrama tu miel en mi soledad.*
*Son las gotas de tu cuerpo que tiemblan*
*en mis ríos de aromas ardientes*
*sin tormentos en mi pecho*
*y mi corazón llora en silencio*
*dentro de un negro pentagrama sin miedo.*
*Si mis manos pudieran tocarte y deshojarte*
*pronunciar tu nombre y besar tu luna*
*y entonces, ¿Te querré como antes otra vez?*
*Si la niebla se esfuma*
*y la miel se termina…*
*un amor infinito se va*
*y un divino otoño regresa*
*al pensar de nuevo en ti…*

## Sin caricias

*Mi soledad, el significado del dolor*
*mi mejor manera que quiero morir,*
*por una muerte estúpida,*

*con un inmenso dolor*
*momentos que quitan mi vida.*
*Forzado a morir sin piedad,*
*como un espíritu desnudo.*

*Mi vida es un calvario por tu ausencia,*
*sufrimiento al máximo, para mi muerte*
*mi alma más por morir con dolor*
*mi muerte.*

*Mi soledad en el paraíso de la muerte*
*idiota…, humano sin alma,*
*el ser de la sangre más triste,*

*destruyéndose sin misericordia*
*para beneficiar a tu desprecio de mi amor.*

*Mi soledad, sin caricas,*
*sentir la daga atravesándome mi corazón,*
*estupido, por tu amor,*
*atado hasta morir,*
*soledad de la muerte,*
*en un arcoíris de la muerte,*
*dolor infame,*
*soledad con mi muerte.*

*muriendo dentro de mi ser,*
*calcinando mi piel al soñar con tu rostro,*
*carne quemándose a lo lejos*
*quemándose todo a mi alrededor, mi cuerpo empieza a morir.*

*El frío en mis venas, mata mis ganas de vivir*
*sin tiempo para morir,*
*en esta soledad con un mar salado,*
*muertos juntos, uniéndose nuestros cuerpos inertes*
*es solo cuestión de tiempo*

*antes de desaparecer de este maldito mundo.*
*Me depositas en mi tumba solitario*
*en una tumba triste y desgarrada,*
*con tu pensamiento enfermo de lograr mi muerte,*
*sentimientos enterrados,*
*mi muerte como me quema*

*Muy dentro estoy en tu corazón*
*mis ojos sangran al pensar en ti*
*orando para el fin de mi pesadilla,*
*despierto de tu desprecio*
*con mis alas de dolor, extienden mis abrazos con dolor.*

*tu rostro de despedida me mira a lo lejos,*
*con el frío de tu sangre,*
*inyectando el odio por tu amor, mis besos agonizantes,*
*sufriendo en los gritos de tu corazón.*

*Mis sentimientos se van por el viento*
*patético amor sin destino*

*Indefenso,*
*dejándome morir*
*soledad de mi muerte*
*dejándome libre para siempre.*

*Soledad de mi muerte*
*hoy te deseo de más,*
*entre los obscuros pasillos de tu corazón,*
*te dejaré morir sin piedad…*

**Mi tiempo muere**

*Mi tiempo muere*

*por ti…*

*El tiempo se muere en mi infierno solitario*

*lloviendo sangre sobre mi rostro*

*tan triste como el mar de mi interior.*

*Atrapado por una causa que nunca entendí*

*al no verte jamás…*
*Sintiendo unos prejuicios construyéndose en mi interior*

*pero,*
*¿A quién tendré que responder mi dolor?*

*Surcar a través de los vientos de la soledad roja*
*con mi alma a la deriva, llena de sufrimiento*
*forzada a perder sin ti*
*y tras la maldita cruz.*

*Hago sólo lo que yo quiero*

*pero te ocultas en la obscuridad*

*como un ángel del infierno,*
*sin remordimientos y mis sentimientos para mí.*

*La ausencia por un corazón ciego me transporta a través de todo tu maldito universo,*
*conciencia de tus palabras mudas que aprendí a olvidar*

*a través de los suspiros.*

*Corre…*

*Grita…*

*Llora…*

*Camina a través de los ríos en mi ausencia,*
*la carne que se quema, llena de aire podrido,*
*forzada a perder sin ti*

*y tras una maldita cruz.*

*Mi tiempo se detiene en este infierno solitario*
*carcomido por tus besos*

*En un lugar tan solitario dentro de tu corazón,*
*el amor ciego me transforma en un ser transparente a través de todo el dolor…*
*solo hago lo que se espera de ti.*

*Caminar a través de los sentimientos jodidO$*
*mi alma a la deriva, llena de sangre sin destino*
*y forzadas a vivir solitario*
*¡Tras una maldita cruz!*

## Mi luto

*Al entrar en mi corazón,*

*¿No puedes frenar mi ira?*

*Me hiciste mucho daño*

*al no decir la verdad de nuestro amor,*

*Ahora,*
*nadie llevará mi luto*

*y se compadecerá de mi derrota.*

*Luchando contra tu desprecio sin piedad,*

*estoy en mi maldito olvido obscuro,*

*castigando mi piel,*

*mis besos,*

*las caricias en tu cuerpo,*

*y los ecos de sonrisas.*

*Estoy buscando la salida para no hacerme más daño*
*entre un infierno personal donde vivo,*
*escuchando sonidos de dolor,*

*llevarlos a mis venas*

*con suspiros en pena.*

*Quieres juzgar mi amor,*

*Pero ya no soy tu esclavo,*

*entre dolor de un corazón sano.*

*Estás gritando mi nombre en medio de la noche,*

*quieres algo más para que me odies,*
*pero no me matarás*
*todavía no estoy roto completamente.*

*Tus suspiros sangran desde dentro de mis venas*
*perdiendo el control*

*y sufren con fracasos,*
*mi venganza me atormenta volviéndome un demente,*
*agotado,*

*carcomido por los deseos obscuros,*

*muerto en vida,*

*todos mis sentimientos estarán colgando por las noches sin ti*
*jodido en mi interior,*

*dejándome ciego…*

*Mejor moriré en tu prosa,*

*sin conexión de letras,*

*la soledad alimenta mis besos,*

*la piel se muere,*

*con una mente solitaria,*

*así son mis días sin ti,*

*así soy lo que soy,*

*solamente observo.*

*Siento un alma sin fondo,*
*total adicción al olvido,*

*profanado por tus falsos labios.*

*Sufriendo por tu cuerpo,*

*esclavizados por mis lunas vírgenes,*
*me amaste para odiarme*
*pero te juro que no me matarás…*

*Mis sueños que el viento los mato,*
*llantos surrealistas,*
*besos crucificados,*
*entran en mi mente,*

*¿No puedes frenar mi ira?*

*Al entrar a mi corazón.*

*Ahora,*

*Nadie más llevará mis recuerdos*
*en un mundo sin piedad,*

*me amaste sin misericordia,*

*pero te juro que no me veras en la cruz,*

*soy tu amante adornado de tu olor*

*y tu piel en mis labios…*

## Un corazón demente

*¿Cómo he esperado que ya no vinieras?*

*Tu presencia me da miedo,*

*Con asco de tu olor*

*y de tus besos.*
*He estado aquí totalmente decepcionado*
*y ahora que has llegado,*

*por favor,*

*no te quedes un rato más*
*y te prometo que no te recordaré por mucho tiempo.*

*Olvido tu piel con sus tristes recuerdos*
*fríos sueños y caricias muertas,*
*provocándome sonidos obscuros en mi mente.*

*Huelo tu fragancia en la luz de la luna negra*

*y sueño con mis tristes recuerdos*
*escucho tus grises gritos,*
*la soledad ha cogido mi alma*
*y he perdido todo el control.*

*tu cuerpo elude mis abrazos*
*pierdo todo el control de la mente,*

*mi razón se disminuye,*
*besos vacíos esclavizan mis creencias*
*de un amor sin vida.*

*Debajo de un corazón demente*
*el desprecio y la realidad*

*¡Son lo mismo!*

*No habrá lugar nuevo en mi corazón para ti…*

# <u>Sin palabras</u>

*Mi verso te besa*
*cuando la luna nueva en mi universo*

*te abraza con un beso*
*y mi estrella enamorada te besa.*

*Solo mis labios que te besan*
*y el poder de tus noches sobre mi rostro*

*llenas de mariposas enamoradas en tu rastro*
*y un amor latente me enamora.*

*Inmensos sueños surgen de mi corazón*
*donde no se esconde el miedo*
*y reinan los cantos sin razón*

*hasta morir sin remedio.*

*Alabada mi prosa por tu rostro*
*que nace en mis sílabas*
*del fondo de un pecho oscuro*

*con un amor sin palabras.*

*Aquí mi amor insiste,*
*la transparencia de tus caricias*
*tranquiliza mi andar*
*y afianza mi caminar.*

*Todos mis sentimientos*
*no tienen ausencia en este poema,*
*todas mis palabras*
*son una mirada para tu rostro,*

*No existe el luto por tu ausencia,*
*solo la alegría de pensar en ti*
*cuando la noche oscura*
*apremia la calma*
*y enaltece mi amor por ti.*

*Este poema surge*
*de todos los recuerdos buenos,*
*el verso se impone*
*sobre toda mi locura.*

*Mi quietud nunca muere*
*que todo lo descifra,*
*así, cuando anochece*
*la luz sella el tiempo*
*de todo lo que te he amado...*

## Piel ardiente

*De la mano sin miedo,*
*perdidos en la noche*
*caminamos juntos sin pretextos*

*sin temor al qué dirán…*

*Los besos, solo una excusa*
*al deseo de cada noche*
*que nos une*

*en cada caricia…*

*Piel ardiente que va,*
*bajo una luz tenue*
*de la alcoba que nos ignora*

*los deseos de estar juntos…*

*Solitarios amores*
*pero juntos se besan,*
*plenos de abrazos*
*y con la dicha de ser eternos.*

*Amores andantes sin nombre y piel*
*prefiriendo lo oculto*
*y lo nunca prohibido*

*entre mis sábanas…*

*Se entrelazan en los ríos de calor*
*aislados del glamour*
*y de las falsas caricias*

*de dos seres que se aman…*

*Oscuros y perfectos labios*
*haciendo infinitos los segundos en mis labios*
*y llevando de nuevo un amor sincero*
*entre cenizas surge de nuevo…*

*Hermosos caminos y atardeceres*
*paseando anónimas miradas*
*sobre la gente que no los siente*

*entre cuerpo y cuerpo…*

*Un amor perfecto,*
*si la perfección es brisa,*
*viento que eleva los más puros deseos*

*entre mis pupilas enamoradas…*

*Y siguen mi imagen*
*nuestras siluetas sin sombra,*
*enamorando la noche*
*que siempre nos espera…*

*Un amor para siempre a los oscuros deseos*
*y que el universo bendiga*
*el beso eterno*

*que necesito cada día tuyo…*

## Mi corazón fallido

*Puede mi verso ser prohibido,*
*pero quiero enamorarme de nuevo de tus besos,*
*solo basta una mirada tuya*
*y merecer ese beso en mi mejilla.*
*Por favor…*
*llévame a tu paraíso*
*hazme sentir tus latidos de tu corazón,*
*no me dejes que el viento*
*me lleve al infinito sin retorno*
*¡Te amaré por siempre!*

*Puede un beso tuyo ser mi amor perdido,*
*por los ayeres que me encadenan a ti*
*y con letras de sirena*

*enamorarme de nuevo de tu piel desnuda*

*y de esos atardeceres en nuestro lugar preferido*
*con un cielo prometido.*

*No puede ser un beso ser tan canalla*

*si los extraño cada mañana*

*en mis labios que mueren al recordar tu rostro*

*y tu sonrisa puesta en mis ojos*

*rodeada de tu perfume en mi boca.*

*Mis versos no callan*

*de decirte que te extraño*

*que te amo…*

*ese amor prohibido que no se resigna a perderte*
*y que el dogma lo avasalla*

*entre flores con olor a tu cuerpo*

*en mi corazón fallido.*

*Hoy, déjame enamorarme de nuevo de tus caricias*

*no dejaré que el tiempo muera*

*solo basta que me des un beso*

*y mi corazón latirá sin parar en tus recuerdos…*

## Mi pie te extraña

*Siento tu ternura en mi rostro*
*cuando respiro el color de tu piel*
*y el reflejo en mis ojos*
*de tus hermosos labios*
*en un deseo y el amor dentro mi corazón.*

*Hay promesas de volverte a ver muy pronto,*
*hay certezas y pactos antes de acabar la mañana.*

*Mi piel te extraña cada día*

*sin saber que provoca tu sabor en mis labios.*

*Solo nos tenemos tú y yo,*
*nuestras huellas en el tiempo*
*entre los caminos y los miedos,*
*las soledades elegidas entre tú y yo*
*y los perfumes frescos entre nuestros cuerpos.*

*Solo nos lanzamos al aire y vencemos los miedos*
*de la mano y sin prisa,*

*junto con mi idea de volverte a ver*

*y volverme loco al sentir tu piel transparente.*

*Con el cielo vigilante*
*andamos enamorados,*
*y que el destino nos dé nuevamente un recuentro*
*en nuestras prontas decisiones de amarnos.*

*En ti mis sueños no se desvanecen,*
*mis recuerdos quedan en mis mejillas*
*y la esencia de mis versos son para tu hermosa presencia…*

## Un amor verdadero

*Cuando nacen tus besos en mis labios,*
*aquellas tan perfectos*

*que no hacen ruido por las noches*
*están entre mis lunas llenas de tus suspiros*

*y bailan sin cesar.*

*Tus besos se sienten tan exquisitos*
*recorriendo las esquinas de mis mejillas*

*sollozando en cada poro de mi piel*

*y suspirando mi perfume entre tu mirada.*

*Oh...tus hermosos besos*

*sobre mi pecho,*
*Oh... el viento que los junta hasta calcinar nuestro amor*

*con mil sabores dentro de tu arcoíris.*

*Tus besos que surgen sin retorno*
*como ráfagas de amor,*
*esos besos que no hieren y no enmudecen nuestro destino*

*al tocar mi cuerpo desnudo.*

*Tus besos detienen mi tiempo a pedazos*

*solo piensan en mis labios,*

*son besos mágicos*
*que reviven la intención de los deseos.*

*existen avalanchas de tus besos*
*que ahogan mi esperanza de volver a verte,*
*mientras las noches sin ti son testigo*

*de un amor verdadero.*

*Tus besos se entrelazan en deseos*

*viven con el roce de mis labios*

*entre una cascada sin fin*

*cuando reina el amor en mi luna ardiente*

*saboreando tu aliento prohibido…*

## Un beso hirviendo

*Daría mi vida por un beso de tu boca,*

*de esa tu boca que se inventó siendo para mí,*

*un beso húmedo*

*enamorado,*

*un beso hirviendo,*

*un beso extraviado,*

*omnipotente,*

*apresurado,*

*irreverente.*

*Un beso lleno de diamantes*

*llamando a viva voz la sangre de mis labios.*

*Un tormento de deseos con excesiva adrenalina,*

*Cualquier magia por un beso de tu boca*

*con colores de mi geranio*

*tejidos de ternura*

*con aromas a mi piel*

*y textura de tu cuerpo.*

*Un beso icónico sin mentiras,*

*un beso simple,*

*no complicado*

*largo y hermoso,*

*mágico,*

*un beso arcoíris*

*lleno de mil colores en mi rostro.*

*Haría cualquier magia por un beso de tu boca,*

*para enamorarme sin razón…*

## Mis lunas

*Hay besos de boca a boca*

*que comienzan en sueños húmedos*

*como las huellas en mis lunas*

*de los labios del sol.*

*Besos como estrellas fugaces*

*que se van y vienen en mi universo*

*en mi piel,*

*que se despeinan al tocarte,*

*y alborotan mis versos*

*sembrando el calor en mi pecho*

*en mi corazón danzante,*

*donde esos labios*

*suelen ir para despertarlo.*

*Tus besos silenciosos*

*que cosechan*

*detrás de mis ojos*

*ardientes pasiones,*

*aquellos que muerden mis mejillas,*

*exploran mis laberintos obscuros,*

*asaltan las caricias,*

*y dejan miradas húmedas*

*que nunca se van.*

*Besos mudos*

*que no tardan en llegar*

*a mi mar*

*con la lengua mojada*

*porque vienen siempre*

*muy enamorados.*

*Besos de amaneceres prohibidos,*

*donde no hay escapatoria de mis encantos*

*pero se mojan sin parar…*

## Mi corazón enamorado

*Tú no sabes que es sentir eso,*
*de entregar el amor sin ningún beso,*
*y llevar en el alma tan perdida*
*sobre un castigo como cruel herida.*

*Tú no sabes cual es la hermosura*
*de querer soñar en tus ojos*
*y besar tus labios tan rojos*
*que ya todo se ha vuelto mi censura.*

*Tú no sabes qué cosa es no besarte y no sentir*
*tus labios pegados a mi boca*
*y saber que mi noche está tan obscura*
*que despierto atormentado sin vivir.*

*No sabes el recuerdo que tengo de tus labios*

*al tocar mis mejillas,*

*de esos abrazos con aroma a café*

*que nos dimos esa noche.*

*Tú no sabes de esos besos que jamás me disté,*
*de esas caricias que mi cuerpo imaginaba*
*que en mis noches de pasión temblaban*
*castigando mi alma inerte.*

*Comprendí que simplemente estoy enamorado,*
*creyendo tocar tus estrellas,*
*pensé que por fin te había alcanzado*

*entre todas mis estelas.*

*Pienso en ese amor que por tanto tiempo había anhelado*
*que pronto abrió mi corazón enamorado,*
*creí volverme loco y morir calcinado*
*pues mis labios aún tenían un sabor amargo.*

*Quiero el sabor de tus labios*
*con todo el fruto de mi mente enferma*
*que hizo realidad lo que jamás fue mío*
*aun sabiendo que tu amor ha sido de otros bríos.*

*Si tu supieras mi amor frustrado,*
*que mi respiración se detiene cuando no te veo,*
*que el mundo muere*
*y me quedé en el tiempo flotando,*
*que a veces estoy triste*
*porque no te tengo,*
*que mi cara tiene sueños*
*de dolor y de desvelo.*

*Eras parte de mi todo*
*y solo me ha quedado un hueco,*
*que mi corazón llora desgarrado*
*porque sé que te perdí para siempre,*
*que ya no soy tu amor encantado.*

*Mi amor por ti*
*lo olvidaste pronto en tu calvario,*
*que ya tienes otros sentimientos,*
*me siento muy triste y no lo niego,*
*mis ojos lloran*
*porque quiero terminar este tormento,*
*ahora no tengo amor por ti*
*tampoco un destino*
*solo me queda este amor dañado*
*con mucha tristeza…*

## Ave sin destino

*¿Por qué tuvo que ser así...?*

*Maldito orgullo tuyo,*

*decadente bestia,*

*sin escrúpulos,*

*me dejaste en el abismo de la soledad*

*con tus desprecios,*

*solo pedía tu compresión*

*y encontrar un amor que podría ser mío.*
*¿Por qué amar?, a quién no debo de amar…*
*por qué entregar mi corazón cuando no puedo con mi alma,*

*por tu ausencia*

*fuiste un ave sin destino*

*un mar sin mareas*

*todo por tus malditos prejuicios,*

*que tarde comprendí que el amor no iba a llegar contigo,*
*no tenía derecho de solicitarlo*

*que error el mío…*
*ya que a mi lado tenías otro corazón.*

*Dime,*
*¿por qué a mi vida llegaste, si me encontraba bien,*

*Vivía en una burbuja oxidada, hasta que llegaste tú,*
*como un mar de turbulentas mareas*
*entraste en mí ser para amarte.*

*Dime ahora,*

*amar ya no puedo...que tengo el corazón jOdidO,*
*por este amor imposible.*

*Te amo, pero no estoy lista,*
*te amo, pero no puedo ir sola,*
*te amo, pero no puedo callar mi soledad,*
*quiero dejar oculto esa melancolía por ti,*
*que día a día me mata*
*que noche a noche me atormenta…*

*pensar junto a otro corazón,*

*es un tormento*

*pensar nuevamente en ti*
*es lo que daña mi ser*
*poder amarte y no ser feliz…*

## Tu rostro

*Hay besos que se buscan por sí solos*

*Con un amor consagrado por el destino.*

*Hay besos que se logran con una sola mirada*

*solo es ver tu rostro.*

*Hay besos que se esconden para no ser vistos*

*esos que no tienen memoria.*

*Hay besos peligrosos,*

*besos con alma de infierno.*

*Hay besos tan secretos*

*que deben de ser libres.*

*Hay besos que vuelan en mis mejillas*

*aquellos que huelen a tu perfume.*

*Hay besos que son verdaderos*

*Porque salen de un corazón enamorado.*

*Hay besos que duelen en el corazón*

*sin saber por qué.*

*Hay besos que vuelven loco a cualquiera*

*entre rosas y espinas.*

*Hay besos que huelen a arcoíris*

*con mil colores y sabores.*

*Hay besos que abren portales de amor*

*en dimensiones desconocidas.*

*hay besos que corrigen el camino*

*sin dejar rastro del pasado.*

*Hay besos tan hermosos*

*que dejan huella en la piel*

*hay besos que en los labios dejan huellas*

*como un grabado en la piedra.*

*Hay besos que parecen una estrella viva*

*por extraña, virgen y poderosa.*

*Hay besos extraños en cada labio*

*que no se resiste a ser un esclavo.*

***Hay besos tan puros y limpios***

***que merecen ser infinitos.***

***Hay besos que producen tormentas***

***de amor y pasión ardiente.***

***Hay besos como los míos***

***tú los conoces son besos míos para tus labios.***

***Hay besos que son tempestades***

***salvajes besos que nos llevan al paraíso.***

***Hay besos que te enseñan amar***

***besos como los míos.***

***Hay besos que son de roca***

***inventados para ti…***

## Amor falso

*Te amaba tanto,*
*que no fuiste capaz de decirme tu verdad,*
*te ofrecí todo mi amor*
*pero te fuiste por lado malo de tu estupidez,*
*ahora no hay retorno*
*los días para mi transcurren en silencio*
*en mi lugar solitario*
*sin recordarte…*
*Te amaba tanto,*
*que por ti fui capaz de dar todo*
*me engañaste cada noche*
*y fui cayendo en ese abismo de olvido*
*en cual tú me envolviste con la dulzura de tus caricias…*
*Tú me fingiste ese amor verdadero,*
*sentí morirme cuando supe tu engaño,*
*el amor falso en mi alcoba,*
*te miré a tus ojos esa noche*
*y no encontré el amor que me juraste.*
*Te amaba tanto,*
*que fui capaz soñar y volver amarte*
*pero,*
*fui perdiendo mi orgullo por tan solo amarte*
*y has construyendo de nuevo el amor que te tenía,*
*me has puesto una daga en mi corazón*
*y es mi peor herida,*
*cómo es posible que me hagas sufrir tanto si yo te amaba,*
*si yo te amaba con toda mi alma.*

*Te amaba tanto,*
*que cuando sentí que me engañabas cerré los ojos*
*dejé que nuevamente me mintieras…*
*Te amaba tanto,*
*que traté de ser lo mejor para que tu sufrieras,*
*y me pagaste con tantas mentiras*
*con amores sin nombre*
*disfrazados de siluetas sin pasión*
*solo disfrutabas tus estúpidos pensamientos.*
*Te amaba tanto…*
*que fue la peor manera haberte amado a ti…*

## Corazón herido

*Anoche al recordarte mis ojos derramaban lágrimas de dolor,*

*te extrañé demasiado en mi alcoba,*

*que mis sentimientos quedaron en un abismo.*
*Le pregunte a mi corazón,*
*¿Por qué tengo un corazón herido?*
*¿Por qué te ciegas en amarte si no mereces mi amor?*
*¿Por qué te enamoras de la persona equivocada?*
*¿Por qué te sueñas sin saber si eres el elegido?*
*¿Por qué siempre te pasa lo mismo?*

*¿Por qué soy tan tonto?*

*Te recordé como buenos amantes*
*que deseaban entregarse a un amor prohibido,*

*Pero con un corazón herido nunca comprendí mi destino,*
*Tal vez porque ya había entregado mi amor a un ser equivocado.*

*Sentí que mi corazón moría,*
*no contestabas todas mis preguntas,*

*En el corazón no se maldice, soy un mortal que todo siente,*
*me entrego y me enamoro perdidamente,*
*ahora mismo sin darme cuenta que no soy correspondido me siento morir en*
*mil pedazos del dolor tan grande que siento no despertar.*
*Pero también soy resiliente*
*te olvidaré amor que no supiste corresponder,*
*el tiempo lo tiene que curar,*
*se encargara de que las heridas sanen muy pronto.*
*Ese amor que no se correspondió a bellos momentos se dará cuenta*
*de lo que perdió, porque tú y yo lo sabemos*
*como nunca antes nadie te amó.*

*Con el tiempo lograré*
*amar a alguien que en verdad merezca mi amor,*

*Entonces le contesté a mi corazón,*
*Espero que el tiempo se apresure, porque este dolor me matará,*

*Mi pobre sueño contigo, será muy grande,*
*me di cuenta muy tarde, pero aún no logro comprender,*
*porque tengo un corazón herido…*

## Mi arcoíris

*Se me van tus besos de mis labios*

*tus besos sin causa,*

*se me van tus caricias*

*entre tus suspiros al pasar cada noche.*

*Tus abrazos que vagan sin destino,*

*perdidos, ¿ahora quién los tomará?*

*Puedo amarte cada noche con pasión infinita,*

*puedo amarte sin prejuicios.*

*Pero tú no estás, están solos los caminos llorando por ti.*

*Los besos perdidos, morirán…solitarios…*

*Si mis labios te besan este atardecer*

*entonces se abrirá mi arcoíris en mi pecho,*

*si te oprime mis colores en tu rostro*

*te tomará y no te dejará,*

*y se irá.*

*Si no sientes esas caricias, ni mi boca que te besa,*

*entonces el viento quien quiere ese sueño de besarte,*

*sentirán tristeza…*

*oh…besos viajeros, solo tienes que cerrar los ojos,*

*y tu corazón, ¿me reconocerá?*

## Besos de dos enamorados

*Hoy, vi morir tu amor,*
*en el frío atardecer donde mis ojos me reclaman.*
*Ayer, vi morir tu amor,*
*cuando caminaba por aquellos puñados de abrazados*
*y le hacía falta mis besos, ahora están vacíos y sin alma.*
*Hoy, vi morir tu amor,*
*cuando estabas ausente y triste.*
*Ayer, vi morir tu amor,*
*cuando aquella prosa de este poema, dejó de vibrar en mi pecho.*
*Hoy, vi morir tu amor,*
*cuando soñé junto contigo el sabor de todas las estrellas.*
*Ayer, vi morir tu amor,*
*cuando solo pensaba en aquellos besos de dos enamorados*
*y me di cuenta que mi corazón ya no estaba contigo...*

## Temo a tu piel

*Temo a tus besos,*

*sin razón.*
*Tú no necesitas temer a los míos*

*porque salen de mi corazón,*
*con ese amor moribundo en el vacío*
*no puede atormentar más el tuyo.*

*Temo a tu piel,*

*a tus caricias*

*sin razón.*

*Tú no necesitas temer a la mía,*
*es pura y virgen*
*con los que te adora mi corazón.*

*Te temo a tus labios*

*que se abren y se cierran*
*en mi pecho,*
*que despeinan mis orgasmos,*
*y alborotan mis íntimos pensamientos*
*soñando con tu flor de canela*
*con besos ardientes*
*donde esos labios*
*no suelen morir.*

*Son tus besos silenciosos*

*que acechan entre mis lágrimas,*

*muerden mis gemidos,*

*exploran mis laberintos obscuros,*

*asaltan el sueño de mi corazón*

*y dejan mis oráculos húmedos.*

*Temo a tu mirada,*

*cuando a tu ardiente boca*
*aprieta cada poro sin razón,*
*es un placer demente*
*que casi no me deja hablar.*

*Te temo a tu paraíso,*
*es un lugar de ansiedad y perverso,*
*corro sin rumbo*
*entre tu vientre nevado*
*y tus partes más secretas.*

*Te pierdo,*
*entre mis noches cada segundo*

*el olvido me atormenta cada vez más por ti,*
*como un enjambre de recuerdos que invadiese*
*mi mundo por tu rostro,*
*nublándose mi alma sin ti*
*en cada una de las palabras mudas*
*que un día me dijiste.*

*No queda más que un frágil susurro*
*de lo que fue tu cuerpo en mis manos.*

*Te pierdo para siempre,*
*cada segundo entre mis noches,*
*me duelen mis letras,*

*y cada estrofa que te escribo*
*tus besos se desvanecen,*

*y ya no queda ni un suspiro de tu piel*
*sobre cual aferrarme a tus sueños,*
*y al olvidarte así*
*tan lentamente*
*en cada letra*
*me dejas*
*unos besos sin tus labios*
*en un cielo sin tus alas…*

# <u>Cicatrices en mi cuerpo</u>

***Lloraron mis ojos***

*¿Por qué me hiciste sufrir de esa manera?*
*de una manera vil y ruin,*
*mis ojos lloraron al sentirme así,*
*fui maltratada*
*fui despojada de mi ser,*
*castigada por tu orgullo,*
*penetrada en lo más profundo de mi corazón*
*y engañada por tu amor,*
*me diste una puñalada en lo más profundo de mi alma*
*hasta sangrar mi corazón,*
*fuiste un cobarde,*
*dejaste heridas en mi cama*
*solo llena de cicatrices en mi cuerpo,*

*lloraron mis ojos hasta llegar el alba…*

*Como pudiste lastimarme de esta manera,*
*vete al diablo*
*con tus palabras falsas*
*y con tus caricias sin pasión.*
*llorando mis ojos cada noche entera,*
*en mi rostro,*
*volviendo un trozo de pecado*
*al pensar en tu amor*

*y sin poder entender lo que había pasado.*

*Creí enloquecer por haberte amado…*

*¿Cómo es posible que perdone tu engaño?*
*Si prometiste ser siempre fiel,*

*Pasarán mil días*
*y mis ojos seguirán llorando*
*el dolor que ahora siento me está matando…*

*Me siento perdida y muerta,*

*al saber que tu amor no fue suficiente…*
*Bastantes engaños con tus labios ardientes,*

*tu pasión sin destino que me mata y me hiere.*

*Mis ojos lloraron por no querer verte,*

*no fuiste suficiente hombre*

*maldito amor…*

*Mi corazón lo destrozaste,*

*lo castigaste,*

*lo llenaste de dolor*

*y de falsas mentiras.*

*Llorando mis ojos por ti,*

*¡Quisiera olvidarte, más no puedo!*
*Intento odiarte…*
*pero lloraron mis ojos, sin dejar de amarte…*

## Un amor verdadero

*¿Dónde has estado amor mío?*

*Si cada día te extraño más…*
*¿Cómo es que no piensas en mí?*

*Si te di todo mi amor…*
*Si sabes que te busco,*

*que me dejaste con el corazón enamorado.*

*¿Dónde te has metido amor mío?*
*me haces falta…*
*cuantas veces me dejarme esperar en tu mundo*
*si las cosas ya deberían ser igual*
*hace un tiempo atrás.*

*¿Dónde te has enamorado amor mío?*

*Pues mi corazón ya no puede esperar,*
*está ansioso por tenerte, para amarte,*
*para no dejarte olvidarte nunca más…*

*¿Dónde has estado amor mío?*
*tus ojos ya no me ven,*
*porque ya no estoy contigo,*
*tus caricias ya no me abrazan porque*
*mi piel no te interesa,*
*ya no respondes ante la llamada de mi voz…*

*¿Dónde te has metido amor mío?*

*Tu ausencia se presenta con nuestro amor,*
*hay silencios sin besos,*
*las voces se apagan,*
*las puertas se cierran a nuestro corazón…*

*¿Dónde te has metido amor mío?*
*y ahora sabemos que tus palabras son*
*falsas en el viento*
*para un amor verdadero…*

## Tu aliento

*Ámame en tus labios,*
*libérame mi pasión en tus besos*
*que me enamoran con tanta locura*
*al tenerte con cordura.*

*Ámame con toda tu ternura,*
*átame con tus caricias cada noche,*
*que llene mi corazón de frescura*
*y me haga sentir un amante de tu noche.*

*Ámame hasta que griten en mi boca tus suspiros*
*y sientan tu aliento,*
*entrégame tu amor en cada uno de tus celos*
*no prolongues más el momento.*

*Ámame hasta que mi arcoíris se esconda*
*y quede solo en tu medianoche,*
*ámame hasta que mi luna redonda*
*se enamore de mis noches.*

*Ámame hasta que tu cuerpo no muera*
*y quiera más de mis besos,*
*Ámame que ese amor tuyo me enamora*
*por tus deseos.*

## Desnuda mi piel

*Desnuda mi piel,*

*esparce tu perfume sensual en mi rostro,*
*tu aroma de miel me enloquece*
*en cada parte de mi cuerpo*

*Hazme tuyo cada noche.*

*Desnuda mi vanidad y serenidad,*
*sobre mi pecho.*
*Siento tus besos llenos de erotismo,*
*que humedece con tu rocío mi cuerpo.*

*Desnúdame con tus besos,*
*besos húmedos de tus labios,*
*exquisitos como los cerezos de mi jardín*
*encendidos por tus delirios.*

*Desnúdame con tu mirada*
*en cada suspiro mío,*
*colócame en tu almohada*
*y tómame con cientos de suspiros.*

*Desnudemos a la noche*
*enigmática, inspirada por estrellas enamoradas*
*y con ardientes caricias*
*para ocultar nuestras huellas eróticas por siempre...*

## Agonizando en tus labios

*La ausencia de tus labios*
*es una lápida en mi corazón,*
*enterrando tus suspiros*
*en una agonía tan desolada.*

*Mi larga agonía*
*se incrementa cada día*
*al no saber nada de ti al final de cada noche*
*de mis días tan imperfectos.*

*La agonía de no verte*
*despliega mi muerte,*
*cada vez que te pienso en mi piel*
*muero al no tenerte.*

*Mi corazón de cristal enamorado*
*agoniza sin pausa,*
*buscando la causa*
*a este corazón agonizado.*

*Al final de mis tiempos*
*escucho tus palpitaciones,*
*mis poros se emocionan*
*al sentir tu presencia en mis labios.*

*Mi agonía llena de sorpresas,*
*tu fantasía en mi pecho*
*hace que no muera de dolor*
*en tu profunda pasión…*

## Tu silencio

*Tu silencio maldito que no me escucha,
ayúdame a aclarar tus mentiras,
esto que siente mi corazón,
que no me deja razonar.*

*La soledad me está castigando.
pienso cosas que no debieron suceder,
siento que mi vida no tiene por qué vivir más.
me estoy desesperando.*

*Silencio de mis noches por tu piel,
aclárame mi vida ya no tiene sentido,
¿Por qué es que siento
que no tengo a quien amar?*

*Me has hecho sufrir vilmente,
lágrimas me has hecho derramar,
tus palabras de soledad
de silencio me hace llorar.*

*Me miras desfallecer,
y otros no saben cómo mirarme,
vivo dentro de ti,
no entiendo cómo vivir.*

*No sé qué hacer,
¿Quiénes serán mis amantes de verdad?
No tengo con quien hablar,
Tengo miedo de continuar.*

*Tu silencio que no aclara todo
no aclara mi corazón,
que está sufriendo
por causa de tu olvido.*

*Nunca olvidaré tu despedida,
no recuerdo ese día tan obscuro,
ahora tengo miedo de vivir
No sé a quién amar.*

*Me amabas de hace mucho tiempo,
amargamente me hiciste llorar.
Tu silencio ¿Qué me hará más en mi alma?
el tiempo lo dirá…*

## Ansiedad

*Llegas y me arrebatas mi tranquilidad*
*así de fácil,*

*así de prisa,*

*así de cruel,*

*sin razón de mi existencia.*

*Tu convivencia en mí me asusta con frecuencia*
*porque te conviertes en mi pesadilla,*
*todo me cambias de la noche a la mañana,*
*la conviertes en mi sentimiento impuro*
*en una nostalgia divergente a la que el tiempo me castiga*
*con sus horas dentro de mi angustia*
*y aparentemente ausente me destrozas vilmente.*

*Tu deseo en mi vida no es una elección*
*simplemente te apareces y me engañas,*
*haces creer que vienes de un pasado inerte*
*pero no es cierto, te quedas insistente en mi vida.*

*Quizás la soledad me siente bien,*
*tal vez es un templo anudado de falsos recuerdos*
*que me llenan de vez en cuando mi alma,*
*¿Será lo que deseo realmente?*

*No soy tan egoísta, te tolero con coraje*
*es más bien, es frustrante y difícil vivir contigo*
*¡Quién debe de saber!*

*tal vez mi vida solitaria me ha envuelto enigmático*
*y en el amor yo ya no creo.*

*Por eso vida mía…*

*te dejo,*

*te abandono,*

*no hay caminos a seguir a tu olvido*

*y me alejo de ti*

*para seguir mi largo camino sin destino…*

## Entre tus sábanas

*Siento el ardiente contacto con tu piel,*
*hace que mi universo secrete la miel*
*que busca tu estrella.*

*Sobre tu piel*
*hay una agitada tormenta*
*que conduce a un acto erótico*

*en mi cuerpo.*

*Mi locura se enciende*
*con la pasión y arrebato de tus besos,*
*tu cálida piel*
*llena de pasión en mi pecho*

*me excita*
*y prepara mi arcoíris*
*para besar tu terciopelo ardiente.*

*Sueño con tu ornato*
*que tapiza mis noches*

*en cada beso tuyo.*
*Tu cálida piel*
*atrapa mis deseos de hacerte el amor*
*haciéndome tu esclavo*
*entre tus sábanas.*

*Tu cálida piel*

*donde me albergo con mis poemas*
*plasmados con hermosas letras,*
*tan frágiles,*
*tan sencillas,*

*tan ardientes,*

*que tu corazón se vuelve loco por mí,*
*al mismo tiempo te deseo con mi prosa*
*con mis palabras eróticas,*
*besan tu alma*
*hasta tus labios*
*llegando a lo profundo de tu ser.*
*soy tu poeta que te amará para siempre…*

## Amor castigado

*Amor deprimido,*

*hoy no, no quiero escribirte,*

*mis lágrimas están secas,*

*mis besos quedaron solitarios*

*en tus labios.*

*No quiero escribirte más mis letras,*
*mis versos se los llevó el viento*

*en las madrugadas tristes sin lunas*
*castigadas en mi alma.*

*Hoy no, no quiero sonríete,*
*no quiero mojar mis letras,*
*con la tinta de tu adiós.*

*No quiero sentir tus recuerdos,*
*con lágrimas de dolor,*

*solo quiero enmudecer el tintero,*
*en tu bello cuerpo,*
*para sepas cuanto te ame,*

*cuanto te extrañé,*

*cuanto lloré por tu piel y por tus besos.*

*Solo quiero cerrar mi prosa,*

*con estrellas fugaces,*
*en la suave noche de cada beso tuyo*
*de tus sueños…*

*Amor castigado,*

*por tu ausencia en mi alcoba,*

*por esos abrazos insípidos que me diste al morir ese amor.*

*Hoy no, amor fantasma,*

*me dejaste sin corazón,*

*en un paraíso muerto…*

## Te digo adiós

*Hoy te digo un adiós,*

*dentro de un cuento que nunca debió escribirse,*

*en un sueño que nunca debió existir,*
*te veo con una esperanza triste y con una mirada solitaria,*
*me despido de tus noches*
*y de las lágrimas derramadas por tu amor.*
*Te digo adiós,*
*dentro del horror de un desolador amor,*
*sin la oportunidad de un verdadero amor*
*colocaste mis besos al olvido*
*con un corazón carcomido de dolor.*

*Te digo adiós porque he perdido tu alma,*
*ya no puedes hacerme más daño,*
*tu corazón se ha apartado de mi mente*
*y ya no siento nada por tu piel.*

*Te digo adiós,*

*plagado de pensamientos egoístas por ti,*
*ya no más ese deseo de lastimarme,*

*Ya no provocas más castigo en mí.*

*Te digo adiós,*

*para no mejorar las cosas,*
*basta de engañarme con tu compañía*

*es una realidad muda.*

*Estoy libre al fin de la tristeza que me diste,*
*ahora estoy totalmente en silencio*
*no me importa lo que suceda,*
*tengo todo el amor para salir adelante.*
*Te digo un adiós,*
*¡Es nuestra despedida!*
*porque por ti he aprendido mucho en solitario,*
*ahora puedo caminar sin recuerdos tristes,*
*y mi vida vale más que tu ausencia.*

*Te digo un adiós para siempre…*

## Un amor sin prejuicios

*No pasa nada por ahora,*
*ya no siento nada por ti,*
*las flores de mi jardín se secaron al amanecer,*
*no creas que te sigo extrañando,*
*nada es para siempre*
*te lo dice mi corazón,*
*no creas nada de mi amor por ti*
*todo se acabó,*
*no puede ser que mi sol se quede para siempre*
*en tu cuerpo,*
*en tu piel,*
*en tus labios,*
*no es posible no morir sin vivir,*
*solo es cuestión de olvidar ese sueño*
*y seguir con otra prosa en un nuevo calvario.*
*Todo se acabó,*
*no existe un recuerdo tuyo en mi pecho,*
*deja de ser un ave enamorada las alas se cayeron*
*y los sueños de quemaron.*
*El destino me trajo*
*en un nuevo horizonte*
*junto con letras convertidos en besos,*
*en caricias,*
*en un amor sin prejuicios,*
*déjate de mentiras*
*no te puedo tener más en mi corazón*
*eres un ave sin destino…*

Printed by Books on Demand GmbH, Norderstedt / Germany